# a Smile

# Una sonrisa

Written by / Escrito por
Michael Smith

Illustrated by / Ilustrado por
Manny Aguiler

East West Discovery Press
Manhattan Beach, California

Published by East West Discovery Press
P.O. Box 3585, Manhattan Beach, CA 90266
Phone: 310-545-3730, Fax: 310-545-3731
Website: www.eastwestdiscovery.com

Written by Michael Smith
Illustrated by Manny Aguiler
Spanish Translation: Redactores en Red
Design and Production: Icy Smith and Jennifer Thomas

Acknowledgments:
I wish to thank Dr. Eric C. To, DDS, for his thoughtful advice, and First 5 LA for their counsel and the good work they do for our children.



Library of Congress Cataloging-in-Publication Data
Smith, Michael, 1961- author.
A smile = una sonrisa / written by/escrito por Michael Smith ; illustrated by/ilustrado por Manny Aguiler. -- First bilingual English and Spanish edition.
pages cm
Audience: Age 3-5.
Parallel text in English and Spanish.
ISBN 978-0-9913454-5-8 (hardcover : alk. paper) 1. Teeth--Care and hygiene--Juvenile literature. 2. Dental care--Juvenile literature. I. Aguiler, Manny, illustrator. II. Smith, Michael, 1961- Smile. III. Smith, Michael, 1961- Smile. Spanish. IV. Title. V. Title: Sonrisa.
RK63.S56818 2015
617.6'01--dc23
2015006999

ISBN-13: 9780991345458 Hardcover
ISBN-13: 9780997394733 Paperback
Bilingual English and Spanish Hardcover Edition 2015
Bilingual English and Spanish Paperback Edition 2016
Printed in China
Published in the United States of America

A smile is something good for two;
it's good for me and good for you.

La sonrisa es algo bueno para dos;

para ambos sonreír es lo mejor.

There is something special a smile can do:

it bounces on to someone new!

La sonrisa es algo hermoso y especial:
¡Porque sabes que algo nuevo va a pasar!

With my smile, my teeth are seen—
so I make sure to keep them clean.

Si sonrío, pues mis dientes se verán.
Es por eso que los limpio con afán.

Eating smart is what to do—
good for my teeth and the rest of me, too!

Al comer yo quiero ser inteligente.

Quiero hacerlo por mi cuerpo y por mis dientes.

It'okay to have some treats—

but not so good to always eat sweets.

Saborear un caramelo está muy bien,

¡pero no es muy sano siempre comer cien!

Morning and night, I clean them nice;
I brush them once and brush them twice.

Día y noche los limpio con cuidado.
Una y dos veces con un buen cepillado.

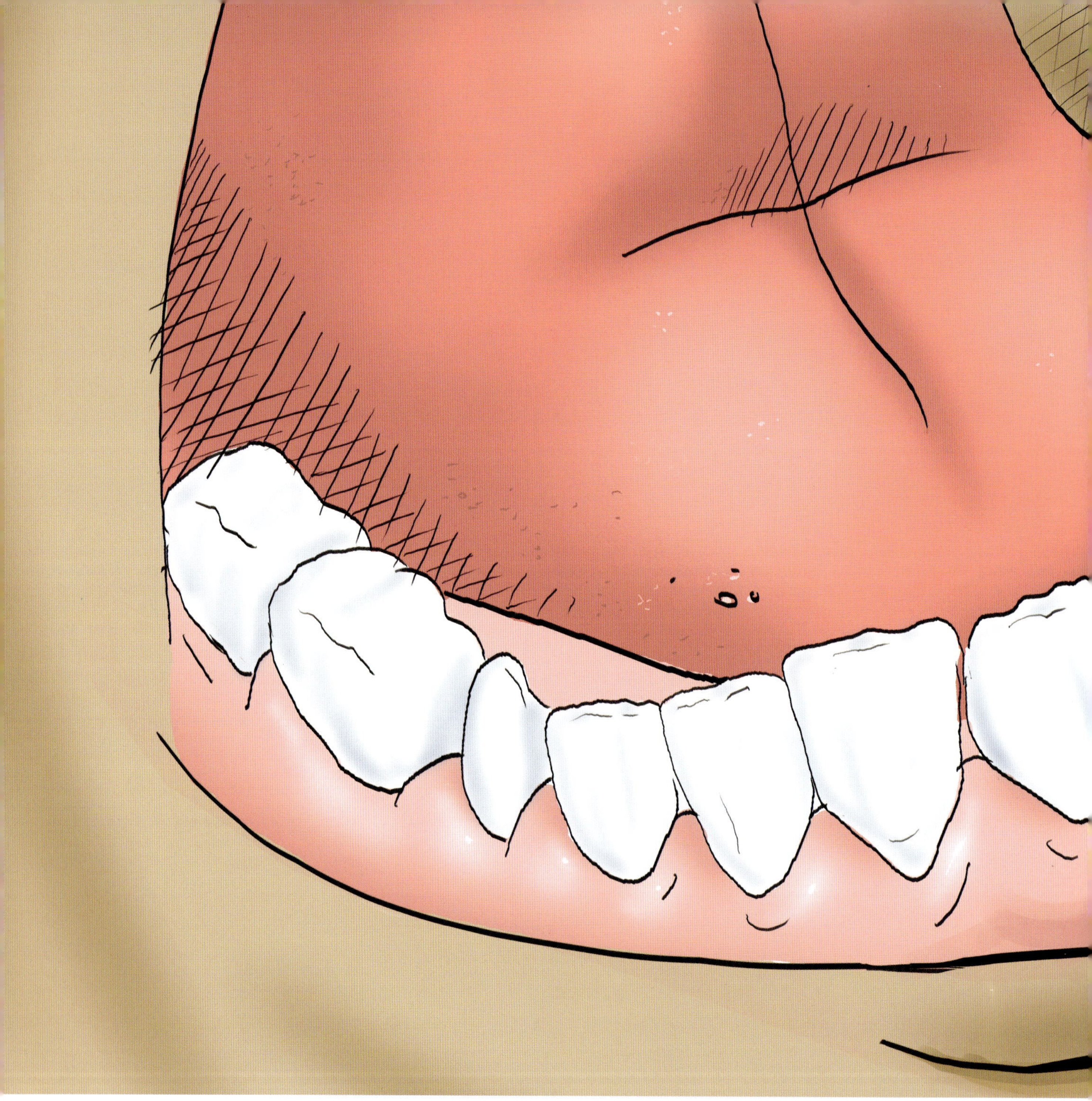

Brush in little circles, that is just right—
all sides of each tooth, to keep them bright.

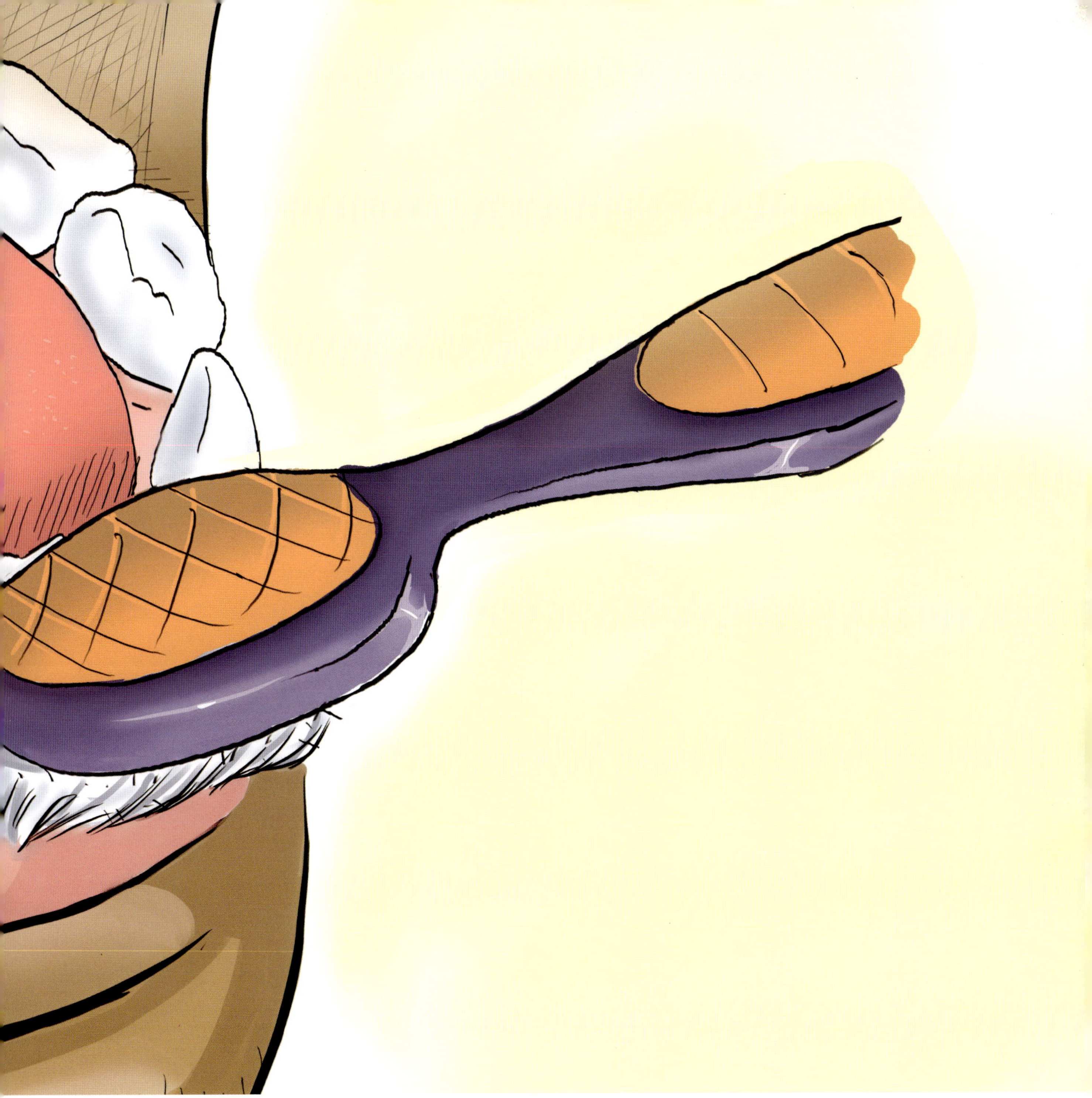

Los cepillo en movimiento circular.

Por el frente y por detrás, hasta brillar.

With some help, we do another thing:
floss between, with a little string.

Y con un poco de ayuda hago algo más:
no me olvido de pasar hilo dental.

Then I take water and swish-swish a bit;

I rinse them well before I spit.

Finalmente con agua los enjuago;
y me hago buches a uno y otro lado.

I brush and floss, and that's just fine;
I also see the dentist from time to time.

Me cepillo y uso el hilo como artista;
yo no debo olvidar ir al dentista.

Every six months is just about right,
to show I am careful and keep my teeth white!
Ir dos veces en el año es lo adecuado,
a mostrar mis dientes blancos y cuidados.

The dentist checks inside,
and then checks out—and I get
a good report, without any doubt!
El dentista me revisa por doquier.
Su reporte será bueno, ¡van a ver!

Not brushing often, or not brushing well,
can cause bad breath,
which someone can smell.

Ten cuidado si es que no cepillas bien,
pues tendrás muy mal aliento,
¡y se va a oler!

If you don't brush right,
or the task is forgotten,
your teeth will decay, and then become rotten

Si olvidas cepillarte o lo haces mal,
tus dientes se pudrirán, y se caerán.

4x4

That's not me; I have the right style,

and I can show everyone, with my big smile!

A mí no me pasará; soy inteligente.
¡Podré mostrar mi gran sonrisa a la gente!

## Notes for parents and educators

The first baby teeth arrive at about 6 to 8 months. More will come gradually, usually in matching pairs until about 2 ½ years, when all 20 teeth should bring a nice smile. The permanent first molars arrive in the back at about 6 to 8 years. Baby teeth are usually pushed out naturally. If the permanent teeth are going the wrong way because the baby teeth do not fall out, the dentist can help. Do not worry if some teeth are a few months early or late, as everyone is different.

Baby teeth are important and should be kept clean. They hold a space for permanent teeth and are important for eating, speaking, and smiling. Good oral hygiene should start when the first teeth appear, with regular brushing and healthy eating. Parents should brush their children's teeth after the child does his/her best. This should be done until a child is able to do so correctly on his/her own.

Young children should never floss their own teeth. Without adequate dexterity they could damage gum tissue. A parent should help. Learning to brush correctly on all sides of each tooth plus flossing takes time.

A cavity, a hole in a tooth, can grow when sugar and bacteria are not removed. As the dentist will tell you, most of the time, cavities are due to the lack of proper brushing and flossing and eating too many sweet foods and drinking sweet drinks.

Regular exposure to fluoride toothpaste and fluoridated water are important in preventing tooth decay. The American Academy of Pediatric Dentistry now states that fluoride toothpaste should be used for all ages. Before the age of 3, use a "rice-sized" amount of fluoride toothpaste to brush with minimal rinsing. When a child can adequately spit, switch to a "pea-sized" amount.

Visiting the dentist should start no later than the child's first birthday. A good dentist will speak about cleaning techniques, potential bad habits and even diet counseling. Parents can be a big help in making the experience a positive one. Read books about going to the dentist. Talk about going to the dentist as a fun activity, and mention that you expect a good report.

As Benjamin Franklin once said, "An ounce of prevention is worth a pound of cure." Smile knowing that you and your children are taking good care of your teeth.

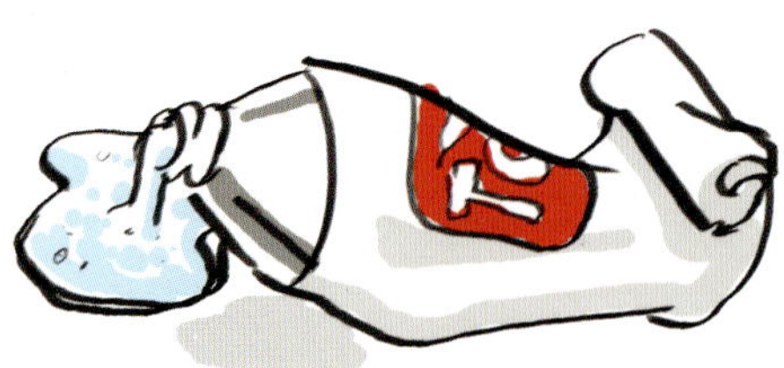

## Notas para padres y educadores

Los primeros dientes de leche aparecen en la parte frontal inferior de la boca aproximadamente entre los 6 y 8 meses de edad. Los siguientes son los frontales superiores. El resto irá apareciendo gradualmente de a pares hasta aproximadamente los 2 ½ años de edad, cuando los 20 dientes formen una hermosa sonrisa. Entre los 6 y 8 años de edad, aparecerán los primeros dientes permanentes y reemplazarán a los dientes de leche. Los dientes de leche son empujados en forma natural. Pero si los dientes permanentes empiezan a crecer en dirección incorrecta debido a que los dientes de leche no caen, puede ser necesaria la ayuda del dentista. No hay que preocuparse si algunos dientes aparecen algunos meses antes o después, ya que cada persona es diferente.

Los dientes de leche son importantes y deben mantenerse limpios. Reservan un espacio para los dientes permanentes y son importantes para comer, hablar y sonreír. Una buena higiene oral debería comenzar cuando aparecen los primeros dientes, con un cepillado periódico y una alimentación saludable. Los padres deberían cepillar los dientes de sus niños después de que ellos hagan su mejor esfuerzo. Esto se debería hacer hasta que los niños sean capaces de hacerlo por sí mismos en forma correcta.

Los niños pequeños nunca deberían usar el hilo dental en sus dientes. Sin la destreza adecuada, podrían dañar el tejido de las encías. Un padre debería ayudar. Aprender a cepillar en forma correcta en todas las caras de cada diente, así como el uso del hilo dental, requiere tiempo.

Si no se remueven el azúcar y las bacterias, puede aparecer una caries (un agujero en un diente). Como te dirá el dentista, la mayor parte de las veces las caries se deben a un cepillado o uso deficiente del hilo dental, y a la ingesta de demasiados dulces y bebidas con azúcar.

La exposición regular a la pasta dental con flúor y agua fluorada son importantes para la prevención de la caries dental. La American Academy of Pediatric Dentistry [Academia Americana de Odontología Pediátrica] establece ahora que se debería utilizar la pasta dental fluorada en todas las edades. Antes de los 3 años de edad, utilizar una cantidad "tamaño arroz" de pasta dental con flúor para cepillar, con un enjuague mínimo. Cuando un niño puede escupir adecuadamente, cambiar a una cantidad "tamaño guisante".

Las visitas al dentista deberían comenzar no más tarde de que el niño cumpla un año de vida. Un buen dentista te contará acerca de las técnicas de limpieza y posibles malos hábitos, e incluso puede aconsejarte acerca de la alimentación. Los padres pueden ser de gran ayuda para hacer de esta una experiencia positiva. Lee libros relacionados con la visita al dentista. Habla acerca de ir al dentista como una actividad divertida, y menciona que esperas un buen informe.

Como dijo Benjamín Franklin una vez: "Una onza de prevención vale una libra de cura". Sonríe al saber que tú y tus niños están cuidando bien de sus dientes.

## Below are the important habits for a healthy smile:

- Brush for two minutes two or three times every day.
- Change your toothbrush about every three months and after an illness.
- Use a soft bristle brush and use only your own toothbrush.
- Floss between teeth at least once a day.
- See the dentist about every six months for an exam and cleaning.
- Though regionally specific, drinking fluoridated tap water is best for growing teeth. Bottled water may seem safer but often does not have the fluoride that is so important to growing teeth.
- Eat a balanced diet based on plants. Vegetables, nuts, and whole fruit (better than juices containing sugar) make for good snacks. Calcium-rich foods will help build strong teeth and bones. Limit processed food, sticky food and sugary drinks.

## Estos son los hábitos importantes para tener una sonrisa saludable:

- Cepíllate durante dos minutos, dos o tres veces por día.
- Cambia tu cepillo de dientes cada tres meses y después de una enfermedad.
- Usa un cepillo de cerdas suaves, y usa solo tu propio cepillo de dientes.
- Repasa los espacios entre dientes con hilo dental al menos una vez al día.
- Visita al dentista aproximadamente cada seis meses para un examen y limpieza.
- Si bien existen especificidades regionales, beber agua potable fluorada del grifo es lo mejor para los dientes en crecimiento. El agua embotellada puede parecer más segura, pero por lo general no contiene el fluoruro que es tan importante para los dientes en crecimiento.
- Sigue una dieta balanceada basada en vegetales. Las verduras, frutas secas y frescas (mejor que los jugos que contienen azúcar) son buenos bocadillos. Los alimentos ricos en calcio ayudarán a tener huesos y dientes fuertes. Bebe mucha agua. Evita alimentos y bebidas procesados y con contenido de azúcar.